www.tredition.de

Heinz Stolley

Ein Wechselbad
der Gefühle

Gedanken und Gedichte

www.tredition.de

© 2014 Heinz Stolley

Verlag: tredition GmbH, Hamburg

ISBN
Paperback   ISBN 978-3-8495-9124-3
Hardcover   ISBN 978-3-8495-9125-0
e-Book   ISBN 978-3-8495-9126-7

Printed in Germany

Mutterliebe

In einem Meer von wunderschönen Rosen
erkenn´ ich dich an einer Kleinigkeit.
Wenn deine Augen mich liebkosen,
füllt sich mein Herz mit Dankbarkeit.

Ich habe den Geburtsschmerz nicht vergessen,
und sicher war es auch für dich nicht leicht.
Jetzt bin ich schon von dir besessen,
das hast du wahrlich schnell erreicht.

Du gibst dem Tag die hellen Augen,
mit denen strahlend er mich sieht.
An deine Liebe will ich glauben,
ganz gleich was sonst mit mir geschieht.

Mein Herz ist voll von soviel Wonnen,
wie nur die Liebe sie beschert.
Ich denk´ so oft versonnen:
Welch großes Glück ist mir gewährt!

In einem Meer von wunderschönen Rosen
erkenn´ ich dich an einer Kleinigkeit.
Wenn deine Augen mich liebkosen,
füllt sich mein Herz mit Dankbarkeit.

Du warst immer für mich da

Aus deinem Schoß geboren,
ward ich dem Leben anvertraut.
Fast hätt´ ich es verloren,
der Tod hat früh nach mir geschaut.

Du hast mich ihm entrissen
und so das Band geknüpft.
Und nur wir beide wissen,
wie stark es wirklich war.

Ich sag´s mit Tränen und mit Küssen:

Mutterherz, was auch geschah,
du warst immer für mich da!

Glückstag

Von wunderbarer Hand gelenkt,
vor heute achtunddreißig Jahren,
ward´s Leben dir, mein Schatz, geschenkt,
um Liebe und das Glück zu wahren.

Welch wundervoll´s Ereignis war,
ich kann es täglich mehr versteh´n,
an diesem Tag im neuen Jahr
für dich und auch für mich gescheh´n.

Du hast in einem halben Leben,
und das zu sagen ist mir leicht,
soviel Liebe schon gegeben,
dass es für ein ganzes Leben reicht.

Der Traum

Ich sehnte mich nach deiner Hand,
auf allen meinen Wegen.
Schon lang´ bevor ich dich gekannt,
erträumt´ ich diesen Segen.
Jetzt endlich hat er sich erfüllt,
der Traum in meinem Leben.
Drum will ich dieses große Glück
stets wohl behütend pflegen.

Silberhochzeit

Liebe, Treueschwur und Schmaus
zeichnen eine Hochzeit aus.
Alle Dinge, die betören,
werden wohl dazugehören.

Trauer, Schmerz, geteiltes Leid
stecken nicht im Hochzeitskleid.
Doch sind solche Wegbegleiter
oft fester Bünde Vorbereiter.

Freundschaft, Liebesunterpfand,
ist langer Ehejahr′ Garant.
Achtung, Güte, Wohlergehen
sorgen für ihr Fortbestehen.

Schaffensdrang oft bis zum Morgen
und um der Kinder Wohl sich sorgen,
gemeinsam fünfundzwanzig Jahr′,
zeichnen den Weg zum *Silberpaar.*

Wohlgefühl

Die Sonne lacht, spürst du es auch
- wie ich mit frohem Herzen?
Und sie entfacht, welch schöner Brauch,
der Liebe güld´ne Kerzen.
Licht, das einst mit Gott uns eint,
und das der Liebsten auch noch scheint,
wenn ich einst bei Ihm bin.
Dann frag´ ich leise: `Siehst du mich?
Hier bin ich, Schatz, ich liebe dich.´

Sicherheit?

`Ich liebe dich, du bist mein Leben,
und du gehst fort und lässt mich sein?
Ach so, - du hast genug gegeben -
schon gut, es gibt nichts zu verzeih´n´.

Dann endlich bin ich aufgewacht.
Du warst noch da, du hast gelacht,
mein tröstend´ Licht in dunkler Nacht,
hast diesen bösen Traum bewacht.

Vergib, ich habe nur geschwächelt,
selbst das Schicksal hat gelächelt.
Doch irgendetwas gibt mir ein:
Man soll sich nie zu sicher sein.

Fühle es

Der Blüte einer Rose gleich
öffnet sich dir mein Herz.
Es spüret deine Lippen weich,
der Sehnsucht süßer Schmerz.
Das kräft´ge Rot , wie Sonnenlicht,
berührt dich nur ganz still.
Die Zartheit jeden Blatts verspricht
dir lieblich, was es sagen will.

Der Poet

Und dann schrieb ich dieses Gedicht.
Mit Worten wollte ich gefallen,
weiter kam ich erst `mal nicht.

Könntest du mich jetzt nur sehen,
zu schweigen sagte manchmal mehr.
Und du würdest auch verstehen,
warum ich gern ein Dichter wär´.

Mit den Augen spricht das Herz,
schau nur tief genug hinein.
Meiner Sehnsucht süßer Schmerz
soll deiner Seele Balsam sein.

Hörst du sanft der Engel Lieder,
ist der Dichter dir sehr hold.
Jetzt klingt aus dem Herzen wider,
was er mit Worten sagen wollt´.

Nun lese ich dieses Gedicht.
Sein Inhalt könnte dir gefallen,
mehr sollte es ja nicht …

Gräser kitzeln dein Gesicht,
du siehst mich an,
du spürst es nicht.
Sonnenlicht, das dich verwöhnt,
zeugt Liebeslust,
die dich durchströmt.
Bunte Wiese, nur Natur, -
lieber Gott, was tu ich nur …

Heut´ bin ich mit dir aufgewacht,
vor Freude hat mein Herz gelacht.
Wir haben uns ganz zart geküsst.
Mein Engel, schön dass du es bist.

Du erdrückst mich mit deiner Liebe,

und wenn es denn so bliebe,

dann wär´ es mir nur recht.

Es komme wie es wolle,

ich fühl´ mich wohl als Scholle;

ich bin kein toller Hecht.

Was hast du nur aus mir gemacht

Ich kann es kaum beschreiben,

was hast du nur aus mir gemacht?

Gestern glaubt´ ich noch zu leiden,

und heute hab ich schon gelacht.

Der Tag hat vierundzwanzig Stunden

und jede hat mich voll erreicht,

seit unsre Herzen sich gefunden

und das Glück nicht von mir weicht.

Mit der Geburt erfährt der Mensch,
was Liebe ist, um es sein ganzes Leben
vergebens zu beschreiben.
Deshalb überlässt er es den Blumen.
In ihrer Vielfalt und Schönheit
zeigt sich die wahre Liebe:

Gottes Liebe

Liebe erschafft alles Leben

Gottes Liebe zeigt sich in der
Vollkommenheit seiner Schöpfung.
Gottesliebe in unsrer Bewusstheit.

Würdige und erweise dich Gottes Liebe
für würdig. Hab Achtung vor allem Leben
und lebe so die Liebe, die alles Leben erschafft.

Sei Frieden

Heute

Morgen bin ich schon gestern,
so ging es auch meinen Schwestern.
Ich möcht′ es nicht, ich sage nein.
Bitte, Vater, kann ich nicht nur *sein*?

Mein Kind, du *warst* nicht, *wirst* nicht sein.
So glaub mir doch, du *bist* allein.
Es gibt kein morgen, gibt kein gestern,
du hast gar keine Schwestern.

Du *bist*, die schönste Form von *sein*,
ist *heute*, ist es ganz allein!
Lebe einfach, sei gescheit,
die Ewigkeit kennt keine Zeit.

Erfahre dich

Öffne und erkenne dich,
geh tief in dich hinein.
Frage und entscheide dich,
wer willst du wirklich sein?

Nach diesem Bild erschaffe dich,
das kannst nur du allein.
Deine Seele spiegelt sich,
sie wird dein Leitbild sein.

Jetzt geh hin und erfahre dich,
was dir gefällt bewahre.
Bleib wachsam stets und stelle dich
den neuen Fragen deiner Jahre.

Die Liebe

Ob ich dich liebe, fragst du?
Liebt denn der Künstler sein Talent,
der Vogel seine Flügel?
Du, die mit ihrer Liebe
das Netz unter dem Drahtseilakt
Leben für mich gespannt hat,
du fragst, ob ich *dich* liebe?
Du, die mit Geduld und Verständnis,
in opferbereiter Treue
eine Brücke über den Sumpf
meiner Selbstzweifel geschlagen hat,
du fragst *mich*, ob ich *dich* liebe?
Ja könnt´ ich denn im Treibsand schwimmen
oder könnte ich gar fliegen?
Ich liebe dich mit eben der Kraft,
die *du* mit soviel Hingabe
täglich unermüdlich nährst!

Loslassen

Ich kenn´ ein kleines Gedicht,
das nur von der Liebe spricht.
Es fühlt sich entsetzlich gequält
von einem, das nur von Hass erzählt.

Doch dieses kann nicht lieben,
so ist es nicht geschrieben.
Und jenes kann nicht hassen
und von der Liebe lassen.

Ich weiß, der Mensch hat sie erdacht,
beide dienen seiner *Macht.*
Ließen wir sie endlich los,
wir wären frei und damit
größter Gegensätze bloß.

Raum in unserm Herzen bliebe
nur noch für die Kraft der Liebe.
Ohne Hass und böse Triebe
gäbe es auch keine Kriege.

Friedenswunsch

Ich lausche dem Gesang der Vögel
und schließe die Augen, um zu entspannen.
Aber ich sehe von Bomben zerstörte Häuser
und verbrannte Erde. Vögel singen nicht mehr.
Ich sehe weinende Kinder im Schutt
umherirren und nach ihren Müttern rufen.
Ich sehe verzweifelte Frauen, die Gott anflehen,
all dies ungeschehen zu machen;
sie halten ein totes Kind im Arm.
Ich sehe Männer im Mündungsfeuer ihrer
Gewehre. Sie tragen Kampfanzüge und schießen
auf einander. Und ich sehe Männer in
maßgeschneiderten Anzügen, die sich im
Blitzlichtgewitter zahlreicher Kameras lächelnd die
Hand reichen. Ich weiß nicht, ob sie einander nur
gratulieren oder wieder einmal Waffenruhe
versprechen. Aber es öffnet mir die Augen. Ich sehe
wieder fröhlich herumtollende Kinder, die mit ihren
Müttern `Fangen´ spielen. Sie lassen sich gern
einfangen. Sie werfen sich übermütig in die Arme
ihrer Mütter und fühlen sich geborgen.
Und ich wünsche mir, dass diese Kinder von
keiner Politik dieser Welt jemals so gefangen
sein mögen, dass sie auf einander schießen
würden.

Ich wünsche dieser Welt endlich Frieden.

Die Entscheidung

Mit Liebe, Licht und Leben
fürsorglich übergeben,
fand sich der Mensch im Paradies.

Selbst nach Gottes Wunsch entstanden
zog es, wie wir wohl empfanden,
den Schützling liebend gerne auf.

Gut versorgt und stets behütet,
doch als Gast, der nichts vergütet´,
nahm es ihn gelassen hin.

Nimm, es ist genug vorhanden,
haben wir wohl missverstanden.
Wir fühlten uns nicht mehr als Gast.

Aus dem Schützling ward ein Schütze,
der Natur nicht mehr zunütze.
Wo führte das nur hin.

Die Erde schüttelt sich mit Grausen,
nicht auszuhalten, wie die hausen.
Lieber Gott, ich kann nicht mehr.

Krieg und Raubbau zu ertragen,
ohne Folgen zu erfragen.
Bitte sag, was soll geschehn?

Liebe, Licht und Leben
hast du uns doch gegeben;
die Menschen handeln nicht danach.

Wenn Liebe nicht für Frieden reicht,
und der Verstand dem Licht ausweicht,
macht Leben keinen Sinn.

Menschenkinder gebt gut acht,
haltet ein, sonst wird es Nacht.
Dann gibt´s kein überleben.

Mensch sein muss der Mensch

Millionen hungernder Kinder weltweit.
Kinderarbeit in großen Teilen der Erde. Von
Kirchenvertretern geschändete Kinder in einem
hoch entwickelten Land wie Deutschland.

Auf allen Kriegsschauplätzen der Welt sterben
Soldaten für die Interessen machtbesessener
Politiker und der Waffenlobby. Die Liste der
Friedens-Nobelpreisträger wird von Feldherren
angeführt. Hoffnungslos überfischte Meere.

Durch Massentierhaltung erkrankte Tiere und durch
Pestizide verseuchte Böden. Ökologischer
Raubbau. Nashörner müssen sterben, weil es
Männer gibt, die viel Geld für deren pulverisiertes
Horn bezahlen, weil sie sich zeitweilig auch eins
davon versprechen. Merke: wo nur Potenz und Kies
was gelten, ist *ein Stein relativ* selten.

Korrupte Politiker und gewissenlose Manager, die
in ihrer Profitgier Millionen Arbeitsplätze
vernichten, und sich dafür mit Millionen *abfinden*,
während die Gebeutelten sich mit Hartz IV
abfinden müssen.

Banken, die Unwissenheit und Gutgläubigkeit ihrer
Kleinkunden ausnutzen, Milliarden vernichten und

dann mit Steuergeldern am Leben erhalten werden. Bankster, die weiterhin unkontrollierbar bleiben und das arme Volk, das immer kontrollierbarer wird.

Endlager für Atommüll, deren Sicherheit so fragwürdig ist wie ihr Begriff. Lagert hier der Stoff für das Ende der Menschheit?

Kommen wir zurück zu unseren Kindern, vor denen zu sagen: ʹMensch sein muss der Menschʹ ich mich schämen würde, wären da nicht die zahlreichen *wahren Helfer*, die diesem Aufruf im Dienste der Menschheit so bereitwillig folgten und ihn prägten. Sie sind es, die den Nachruf auf die ganz GROSSEN, die diese Welt schon erlebt hat, nicht verklingen lassen.

Das Berufsleben

„Guten Morgen, junger Held,
willkommen in der neuen Welt.
Höher, schneller, weiter
sind jetzt deine Wegbegleiter."

„Hoher Blutdruck, schnelles Altern,
geht´s noch bei euch Job-Verwaltern?
Es ginge auch gescheiter
und brächte beide Seiten weiter.

Wir halten unsre Klasse
und sind beide gut bei Kasse.
Nur höher, schneller, weiter
macht kranke Wegbegleiter."

„Guten Morgen, junger Held,
du unterschätzt die Arbeitswelt.
Fitness-Sport und Pharmazie
ergänzen sich so gut wie nie."

„Danke für den guten Rat.
Das bringt mich weiter, in der Tat.
Und sollt ich mich verletzen,
ich wär´ ja zu ersetzen …

Was ist mit euch, der Führung,
kämt ihr um vor lauter Rührung?
Ach, das wär´ nicht euer Job,
das überließe man dem Mob."

Doch werd´ ich *das* erleben,
sind wir nicht alle längst ergeben?
Ja, ihr habt es wohl vollbracht,
das Volk ergibt sich eurer Macht.

Das ging euch sehr gut von der Hand,
nur leider ohne Verstand.
Das Höher, Schneller, Weiter
gilt auch für die Himmelsleiter...

Sommer 2012

Der Regen, Wind gepeitscht und
lüstern Händen gleich verwegen,
hat sein Ziel erreicht, in bin
ihm willenlos erlegen.

Das letzte Fleckchen Haut benetzt,
das Sonnenlicht vergessen,
so hatte er mir zugesetzt,
so hat er mich besessen.

Und steht mir Morgen auch der Sinn,
die Hunde werden's wollen,
dann geb' ich mich ihm wieder hin,
soll doch die Sonne schmollen …

Besinnung

Einst sagt´ der Wind zum Meer,
er liebe es nicht mehr
und zog fortan auf´s Land.

Goldnes Korn hat ihn erregt,
das hat sich aber schnell gelegt,
und er verschwand.

Auf dem Weg zu Schall und Rauch
verflogen diese jedoch auch.
So ging es fort.

Auf neues Antlitz ganz erpicht,
trifft er abgewendetes Gesicht.
Kaum ein Wort.

Zurück zum Meer - bedauert, säuselt,
des Meeres Stirn zunächst sich kräuselt,
er ist bedrückt.

Doch dann voll Leidenschaft erregt,
ist es tief von ihm bewegt;
er ist entzückt.

Sie gaben sich der Liebe hin,
erneut war es die Siegerin;
ich hab´s gesehn.

Mit schäumender Krone Richtung Land,
hebt es oft drohend noch die Hand;
Kannst du´s versteh´n?

Ewige Freundschaft

Meiner Kindheit Liebe
gehörte stets dem Wald.
Das waren junge Triebe,
jetzt sind wir beide alt.

So bin ich wieder hier,
und ich bin nicht allein.
Hier spricht jeder Baum zu mir,
wie könnt´ es anders sein.

`Und weißt du, was ich fühle?
Wir werden immer sein.
Du nur etwas älter,
und ich halt wieder klein ´.

An meinen Baum

Ich bestaune deine erhabene Größe.
Ich habe Ehrfurcht vor deinem Alter.
Ich bewundere deine Kraft
und die Ausdauer, mit der du mir
fortwährend reine Atemluft schenkst.
Gleichermaßen schäme ich mich,
dass ich diese Zeilen zu *Papier* bringe.

Meinen Freundinnen

Zwei Pflanzen in einem Topf,
sie geh´n mir nicht aus dem Kopf.

Ich mag sie nicht ihrer Knospen wegen
und möchte sie deshalb täglich pflegen.

Sie sind, was vielen Menschen fehlt,
von ganz besondrer Art beseelt.

Die Erhabenheit der Rose

*Auch diese Vertreterin ihrer Art sieht ihre engste
Verwandte in der `wilden Rose´, weil sie die
Freiheit so sehr liebt. Sappho nannte sie die
Königin der Blumen, erhaben, - auch wenn ein
Heer von Disteln sie umgibt ...*

*Bist du ihr nicht wahrhaft ähnlich?
Von eben dieser gottgegebenen Erhabenheit,
die dich wissen lässt, dass auch jene ihrer Natur
entsprechend nur ihr Bestes geben?*

*Auch sie sind mit Stacheln bewehrt,
weil sie Angst haben gefressen zu werden.
Nur haben sie weniger zu verlieren als du.*

*Wolltest du ihnen je gleich sein und dafür die
Schönheit deines Wesens hergeben?
Trägst du deine Stacheln nicht nur noch,
um zu zeigen, dass auch du nicht frei von Ängsten
bist?*

*Du würdest sie doch gar nicht benutzen wollen,
weil sie weitaus härter als die der Disteln sind.*

*Dieses Wissen macht dich so erhaben,
und das macht deine Schönheit aus.
Bewahre es, wir lieben dich ...*

Verlassene Welt

Oh du wunderbare Welt,
Mensch und Tier einst auserkoren.
Unvergänglich Gottes Feld,
nur der Mensch hat sich verloren.

Wunderbare Welt,
wie hast du uns empfunden.
Solang´ der Mensch dir zugesellt,
so alt sind deine Wunden.

Wunderbare Welt,
wir sind wohl so geboren.
Doch mit jedem Baum der fällt,
geht Lebensquell verloren.

Heile Welt zerstört,
wir haben nichts verstanden.
Der jüngste Tag ist uns beschert,
und dir, wie wir dich fanden.

Wunderbare Welt,
wir haben dich verlassen.
Ausgebrannt für Macht und Geld,
als würden wir dich hassen.

Oh du wunderbare Welt,
Mensch und Tier einst auserkoren.
Unvergänglich Gottes Feld,
nur der Mensch hat sich verloren.

Wer allein bei Geld von Reichtum spricht,
der ist sehr arm; er kennt die Liebe nicht.
Die Liebe, sie macht täglich reicher
und harte Herzen sehr viel weicher.

Auch der Geringste hat Anspruch auf die
Befriedigung seiner Bedürfnisse. Und das ist
herzlos wenig, wenn man bedenkt, was wir alles
dem Zufall überlassen.
Und den gibt es noch nicht einmal.

Richte deine Ansprüche stets nach dem,
was du selbst zu tun bereit wärst.
Und denk dran: Freundschaft ist keine
Allwetterkleidung.

Zeitlos

Der Mensch misst die Dauer seines Lebens nach
Zeiteinheiten.

Er nennt sie Jahre, Monate, Wochen, Tage,
Stunden, Minuten und Sekunden.

Und so jagt er tagein und tagaus um die Uhr, seinen
Zeitmesser. Er ist ein Sklave der von ihm
erfundenen Zeit.

Aber mit der Zeit wird er klüger.

Die Dinge für den täglichen Gebrauch kauft er mit
dem Anspruch: es möge zeitlos sein.

Und wenn er stirbt, dann sagt man, er habe das
Zeitliche gesegnet.

Es ist an der Zeit zu begreifen, dass es keine Zeit
gibt oder wir haben die Zeichen der Zeit nicht
erkannt …

Zweifel

Die Ungewissheit führt über die Sehnsucht aus
Selbstsucht zu Zweifel und Eifersucht.
So wird aus Anlehnung Ablehnung.

Wir versagen uns den Zusagen und verzichten
und entbehren, statt zu geben und zu nehmen.

Wir missverstehen, weil wir nicht verstehen wollen.
Wir fühlen uns beschuldigt, aber nicht mitschuldig.

Wir stehen nicht mehr zu dem, was wir eigentlich
voneinander halten.

Wir weinen statt zu lachen. Wir erschöpfen
uns in dem aussichtslosen Kampf gegen die von
uns geschaffenen Probleme, weil wir nicht zur
Resignation gelangen wollen.

Der Resignation vor unserer einzigartigen
Liebe und deren vielfältige Einflüsse auf unser
Leben.

Ein Leben, das wir uns ohne den anderen gar nicht
mehr vorstellen könnten.

Bienensterben?

Bienchen, Blumen kennen Kelch und Stempel
und leben nicht in einem Tempel;
sie wollen glücklich sein.
So komm zu mir herein.

Ach, du bist im Flug behindert,
du kannst nicht bei mir sein …
Wenn es deine Schmerzen lindert,
so bin ich trotzdem gerne dein.

Blümchen, Blumen kennen Kelch und Stempel
und leben nicht in einem Tempel.
Sie sollen glücklich sein.
Trotzdem, danke für das `gerne dein´.

Wenn ich Bienen fliegen seh´,
dann tu ich mir nicht leid.
Was sonst gibt mir das Wohlgefühl,
dass mein Blümchen auch gedeiht.

Bienchen, wenn ich Menschen sehe,
sorgt mich deren Wohl und Wehe,
was machen wir bloß ohne dich?

Oh, verzeih´, ich schäme mich …

Ironie?

Alkohol und Tabakrauch
sind ungesund, was soll das auch.
Du kannst es auf der Packung lesen,
mit Grüßen vom Gesundheitswesen.

Jetzt sollen auch noch Bilder her,
von Kranken, als wenn´s Werbung wär´.
Was dann auf die Verpackung kommt,
erläutert dir die Folgen prompt.

Sieh´s mal prophylaktisch,
das ist doch ganz praktisch.
Bevor wir schlechte Nahrung kaufen,
zeigt uns das Preisschild erst den Haufen.

Und Branntwein sowie Tabaksteuer
machen diese Dinge teuer.
Du sollst doch keinen Schaden nehmen,
die Krankenkasse gar bequemen.

Bleib schön gesund, mein Steuerzahler,
mit roten Bäckchen, nur nicht fahler.
Doch - wie ich dieses Heucheln hasse -,
belaste nicht die Rentenkasse.

Harmlos?

Ein Vogel lud zum Frühlingsfeste,
begrüßte fröhlich seine Gäste
und alle haben ein´n gezwitschert,
doch keiner hat ins Nest gepüttschert.

Auch der Mensch hat seine Feste
und ganz gern auch einmal Gäste.
Schon bald ist dann das Haus zu klein
und es muss der Garten sein.

Alle trinken gern und schunkeln,
bis Hirn und Himmel sich verdunkeln.
Der Weg nach Hause ist ganz leicht,
wenn die Marschverpflegung reicht.

Das Leergut dann, es ist so schwer,
als wenn es eine Bleiwest´ wär´.
Das will schließlich keiner haben
und so landet es im Graben.

Schön ist so ein Gartenfest,
wer scheißt schon gern ins eigne Nest?

Unbeschwert

Wir waren doch nur ausgegangen,
geklönt, gelacht – ganz unbefangen.
Beim Cocktail und danach beim Essen
wirklich nur brav dagesessen.

Der Wein war gut, der Wirt gerecht,
wir haben gar nicht viel gezecht.
Die Zeit war dennoch vorgerückt,
wir waren nur ganz leicht verzückt.

Der Aufbruch musste schließlich sein;
die Luft war gut, man spürt´ den Wein.
Und dort gab´s Tanz, - durfte das sein?
Na klar, wir gingen auch mit rein.

Schön war die Musik, sie lud zum Tanze,
wer ging denn dabei gleich aufs Ganze.
Wir haben uns nur zart berührt,
das hat uns wirklich nicht verführt.

Danach sind wir dann auch gegangen.
Wer wollte um den Abschied bangen,
wir pflegten doch nur zarte Bande,
was käme dabei denn zustande ...

Und dann sind wir bei dir geblieben,
was hat uns nur soweit getrieben?
Ich weiß es nicht, ich fand´s nur schön;
Liebling hast du auch´n Fö(h)n?

Die Liebe lehrte mich das Kätzchen,
im Streit versteh ich keine Mätzchen.
Ehrlich darfst du mich liebkosen,
ist es nur Trug, behalte deine Rosen.

Natürlich brauch ich auch mal Ruhe,
bedenk´, was ich so alles tue.
Bin ich der Zärtlichkeit entronnen,
bleib ich dir trotzdem wohl gesonnen.

Doch eines wisse - mag ich gar nicht,
wenn du mich ablehnst werd´ ich haarig.
Dann kannst auf immer du verschwinden
und Rosen vor den Po dir binden.

Ich weiß nicht, an wen mich das erinnert …

Verlieren und gewinnen

Ich habe gnadenlos gemault,
auch alte Freunde schon vergrault.
Da bin ich stur, was heißt vergeben,
so lebe ich mein Leben.

Wer sagt, du weißt das rächt sich?
Ich bin jetzt achtundsechzig
und immer gut damit gefahr'n,
das lernt man mit den Jahr'n.

Natürlich hab ich gern gelacht,
das hat mein Leben ausgemacht.
Wer sagt, die Wut sie frisst dich auf?
Bin eh zu dick, ich nehm's in kauf!

Was soll's, wer will mich schon bekriegen,
ich kann mich doch nur selbst besiegen:
Den Starrsinn lege ich nicht ab,
weil ich dann verloren hab.

Jedoch erringt man, Gott vergelt's,
die schönsten Siege über sich selbst ...

Trugschluss

Politiker sagen einander die Wahrheit ins Gesicht.
Nur leider hört das Volk sie nicht.
Es hört mit wonnigem Vergnügen
viel lieber deren Lügen.

Stimmgewaltig möcht´ er dich betören,
nur deine Stimme möchte er nicht hören.
Und bist zu dann zum *Kreuz* gekrochen,
hat er schon sein Wort gebrochen.

Er denkt, was kostet denn die Welt
und lebt getrost von deinem Geld.
Die Arbeit läuft vortrefflich,
dafür scheint er bestechlich.

Du denkst, mein lieber Volksvertreter,
abgerechnet wird halt später.
Geduldig wartest du es ab,
wie schön dass ich ein Stimmrecht hab.

Ein Neuer ist dir rein gekrochen,
der hat dir noch viel mehr versprochen.
Er sagt, was kostet denn die Welt
und spricht nur von deinem Geld.

Die Arbeit läuft vortrefflich,
er scheint nicht weniger bestechlich.
Was kommt am Ende dabei raus,
den nächsten Wahlgang lässt du aus.

Und die Moral von der Geschicht´?
Noch ist es Recht, wann wird es Pflicht!?

Himmelhoch jauchzen, zu Tränen gerührt,

jedem Ereignis wie´s ihm gebührt.

Die Wahl ist entschieden, die Gegner liiert,

nur eins ist geblieben, das Volk wird rasiert!

Der Winter 2012/13

Des Märchens zauberhafte Fee
ist Winters märchenhafter Schnee.
Ein Bild des Friedens, der Idylle
sorgt in ebensolcher Fülle
auf unsern Straßen für Verdruss.
Jetzt lobst du die Frühlingssonne
als wahrhaft köstlichen Genuss.
Auch wenn man in deutschen Landen,
etwas länger warten muss.

Am Ziel

Der Weg zu dir ist von göttlicher Schönheit.
Immerwährende Bereitschaft zu helfen und
zu schützen sowie grenzenlose Liebe
und Achtung vor allem Leben säumen ihn.

Wie viele Tiere danken dir für ein Leben,
das sie ohne dich so nicht gehabt hätten.
Ich schließe mich ihnen an, denn ich erkenne,
dass es der richtige Weg ist.

Auf keinem anderen hätten die sanften Spuren
der Liebe und Hingabe tiefere Eindrücke
hinterlassen.

Und so folge ich ihm und tanze mit Hunden,
Katzen und Pferden ins Glück. Die Vögel
zwitschern voller Freude.

Ich schließe dich in meine Arme und spüre
eine wohltuende Wärme und Ruhe im Herzen.
Ich bin angekommen.

Es tut mir leid, bitte verzeih mir
Ich liebe dich
Danke

Als ich heute morgen aufgewacht bin, habe ich das Bild eines dreizehnjährigen Mädchens und das eines ebenso alten Jungen vor meinem geistigen Auge gesehen.

Allerdings, so schien es mir, mussten sie schon etwas länger auf dieser Seite leben. Nach ihrer beider Kleidung zu urteilen, fünfzig Jahre und mehr.

Der Junge trug kurze Hosen und hatte ein aufgeschürftes Knie. Auch schien es mir, als sei seine linke Wange ein wenig geschwollen. Sein Haar war zerzaust und hing wirr über seinen geröteten Ohren.

Über seinen blauen Augen lag der feuchte Schleier vergossener Tränen.
Aber in seinem Blick lag etwas trotziges. Doch dann lächelte er verschmitzt und sah das Mädchen fragend an …

Sie trug ein Kleid, das die Sonne in ihrem vielfältigen Erscheinungsbild wiederzugeben schien und das wunderbar zu ihren schönen, braunen Augen passte.

Sie hatte eine Zopfspange verloren, ihr blondes, geflochtenes Haar hatte sich auf einer Seite gelöst und fiel über ihre Schulter.

Aber es konnte nur unvollständig den zerrissenen Träger ihres Kleides bedecken. Auch stand sie ein wenig zur Seite geneigt, weil sie einen Schuh verloren hatte.

Ihr hübscher Mund schmollte, aber er wurde von ihren warmen braunen Augen Lügen gestraft, mit denen sie den Jungen verzeihend ansah.

Dann reichten sie einander die Hand, als hätten sie sich endlich zusammengerauft.
In ihren Augen spiegelte sich die Seelenverwandtschaft wider, die zu sagen schien:

Es tut mir leid, - ich hab dich doch lieb.

Dabei ist mir bewusst geworden, wie verletzlich und zugleich stark uns die Liebe macht. Verletzlich bei unbedachten Worten eines geliebten Menschen und stark durch die

Göttliche Kraft des Vergebens …

Jeder Weg beginnt mit dem ersten Schritt

Vorsichtig folgte es den Spuren seiner Mutter und nahm den Weg nach oben, dem Licht entgegen. Es brauchte viel Zuspruch, den letzten Schritt, hinaus aus dem schützenden Hort, in die große Welt der Erwachsenen zu tun. Die Gräser um das Erdloch zu ihrem Kaninchenbau kamen ihm sehr groß vor, aber es tat einen letzten Satz nach draußen und erschrak.

Riesige Pflanzen und gewaltige Bäume mit ausladenden Kronen umgaben es.

Keinesfalls einladend jedenfalls für das kleine Geschöpf, dem Mädchen in der Familie. Sie machte sofort kehrt und verschwand wieder in ihren schützenden Bau. Gerade mal einen Happen von den saftigen Gräsern am Eingang zu ihrem Erdloch nahm sie mit, bevor sie muffelnd abtauchte.

Bereits am nächsten Tag trieb die Neugier sie wieder nach oben, hinaus in die große Welt. Was es alles zu sehen gab und worauf es zu achten galt.

Hier und dort wunderschöne Pflanzen, die verführerisch dufteten, aber sehr giftig waren, wie die Erfahrung sie lehrte.

Man fühlte sich elend nach ihrem Verzehr und verbrachte enttäuscht und geschwächt einige Tage im Bau, weil man nichts sehen und nichts hören wollte.

Trotzdem trieb es sie wieder hinaus; sie wollte die Welt kennen lernen. Aber immer wieder drohte Gefahr. Selbst kleine possierliche Wesen, die so vertraulich auf sie wirkten, bissen wieselflink zu und saugten einem das Blut aus. Am meisten fürchtete sie den Fuchs, weil er so listig war.

Aber sie war achtsam genug, blitzschnell wieder in ihren Bau zu verschwinden, wenn sie seine Nähe auch nur spürte. Wie schön, dass die Natur besonders den Tieren dieses schützende Instinktverhalten mitgegeben hatte.

Und so wurde sie immer mutiger und hüpfte bald zu immer interessanteren Plätzen in der großen Welt und wurde so erwachsen.

Und dann lernte sie eines Tages die Menschen kennen.

Immer seltener verließ sie ihren schützenden Bau. Meist wagte sie sich nur bis zum Rand einer Wiese vor, die überschaubar war. Und so konnte sie eines Tages einen Hasen beobachten, der seine Lauscher steil aufgerichtet hielt und interessiert in die Welt schaute. Auch er schien ängstlich zu sein, insbesondere wenn Menschen in seine Nähe kamen. Dann verschwand er blitzschnell und Haken schlagend am Horizont.

Aber bereits nach kurzer Zeit war er wieder da. Er beobachtete neugierig seine Welt. Nichts schien ihm zu entgehen, und wenn ihm alle Fluchtwege versperrt schienen, legte er sich flach auf den Boden, um förmlich mit ihm zu verschmelzen. Und so übersah man ihn eben. Auch er musste insbesondere den Menschen gut kennen, aber er verbarg sich nicht, er verzichtete auf einen schützenden Bau. Offenbar wollte er alle Gefahren kennen lernen, seine Instinkte auf diese Weise nähren und so am Leben erhalten.

Vielleicht durfte man sich doch nicht immer gleich in seinen Bau zurückziehen, dachte die Kaninchendame, man müsste einen Mittelweg finden. Mit dem Hasen hatte sie sich schon angefreundet. Man war ja lernfähig.

Der Hase übrigens auch. Neuerdings lief er nicht mehr gleich weg, er legte die Lauscher an und duckte sich.

Es war ganz interessant, sie würden schon einen Weg finden, dachte das Kaninchen.

Vielleicht fanden sie bald ein gemeinsames Zuhause. Eines das an einem sicheren Ort lag. Weit weg von den täglichen Anfeindungen, die insbesondere die Menschen so mitbrachten, wenn sie einem zu nahe kamen. Sie hätten einen viel größeren Bau mit viel Weitblick und er könnte auf der Wiese herum hüpfen, wenn er ihren gemeinsamen Hort nicht immer teilen mochte. Wenn er ihr nur immer verbunden bliebe.

Sie hatte sich doch tatsächlich verliebt.
Ob das wohl gut gehen würde, dachte das kleine Kaninchen.

Aber warum eigentlich nicht, war nicht *Freiheit* die höchste Ausdrucksform der *Liebe,* wenn die *Angst* sich erst einmal verflüchtigt hatte?

Liebes,

heute verspüre ich eine innere Ruhe, wie ich sie
selten empfunden habe. Zugleich werden Gedanken
in mir wach, die mit großer Dankbarkeit an Gott
verbunden sind. Dafür, dass Er mich einem
Menschen zugeführt hat, der mein Leben in einer
Weise verändert, wie ich es nicht für möglich
gehalten hätte.

Mein Kopf ist erfüllt von hellsten Gedanken an ihn.
Es gibt keine Trennung.

Er steuert meine Gefühle nicht allein für sich. Er
hat mir die Augen auch für andere wichtige Dinge
des Lebens geöffnet.

Früher habe ich akzeptiert, heute staune ich.
Früher habe ich nur geliebt, heute *liebe* ich.
Früher ließ ich mich in den Tag fallen,
heute verneige ich mich vor ihm.

Er gibt mir alles, was mir heute für das Leben
wichtig ist. Ich kann ihn dir nicht vorstellen, aber
du kannst seinen Namen in meinen Augen lesen.

Ja genau, *so liebe ich dich ...*

Die Sprache der Liebe …

Ich sehe dir in die Augen,
und die Sonne in meinem Herzen
öffnet den Blütenkelch einer Liebe für dich,
an deren Nektar sich tausend Schmetterlinge
laben, die sich - wie unter dem Himmelszelt
in meinem Bauch tummeln.

Hör auf dein Herz

Wie gefällt dir eure Welt,
was würdest du gern ändern?
`Frag mich nicht, ich bin kein Held,
die Macht liegt bei den Blendern´.

Ach, du hast schon resigniert,
hast aufgehört zu denken.
Ja, - wer allzu oft verliert,
ist sicher leicht zu lenken.

Und - was sagt dein Herz dazu,
kann es damit leben?
`Es spricht von Liebe - so wie Du,
das ist sein ganzes Streben´.

Dann denk in *Liebe*, lebe sie,
Gewalt wird unterliegen.
Mensch, du wärst so stark wie nie
und bräuchtest nicht zu siegen.

Du hast ja eh nur einen Feind,
und der würd´ sich nicht melden.
Was glaubst du wohl, wer ist gemeint,
erkennst du deinen Helden?

Hellwach

Ich bin **N**ur **S**elten **A**llein,
Mal hört, mal schaut man bei mir rein.

Caritas ist angesagt,
Auch wenn mich Armut nicht mehr plagt.
Rettungsstaaten, oft gerühmt,
Eines sag ich unverblümt:

Die Rettungstat ist nie verraucht,
Doch jeder Dank mal aufgebraucht.

Bleibt **N**ur **D**ie Brut im eignen Nest,
Sie hält weiter an euch fest:
Wechselseitig abzugraben,
Was Bürgerrechte untersagen.

Da wird gehorcht, da wird gespäht,
Nicht mal die Merkel ham´s verschmäht.
Das soll auch so weiter gehen,
Und ist als Freundschaft zu verstehen.

Selbsterkenntnis

Das Weltgeschehen: stummer Schmerz
und fassungsloses Staunen.
Dein Herz klopft an und fragt verwirrt:
`Sind Mord und Totschlag Launen´?

Du erwachst und siehst ein Kind,
die Augen voller Fragen:
Wo denn seine Freunde sind,
- was wirst du ihm wohl sagen?

Die Achtung vor dem Leben,
gehandelt als das höchste Gut,
es kann sie doch nur geben,
wenn jeder etwas dafür tut.

Mensch, du bist kein Kuscheltier
und wirst auch nie eins werden.
Befrei´ dich nur von dieser Gier,
dem schlimmsten Gift auf Erden.

Denn die Natur, die stets gewährt,
sie zeigt dir Gottes Liebe:
Nur wer gibt und nichts begehrt,
dem wachsen neue Triebe.

Du erschaffst was du denkst

Das Haus und dieser Garten
sind einfach wunderschön.
Ich kann es kaum erwarten,
mit dir hinein zu geh´n.

Glaub mir, Schatz, es ist kein Traum,
ich war schon so oft dort.
Ich pflanzte einen Apfelbaum
und pflegte unsern Hort.

Alle Tiere fühl´n sich wohl;
hier sind sie geborgen.
Sie warten nur, dass ich dich hol,
und das will ich besorgen.

Lass dich einfach auf uns ein;
wir leben hier in Frieden.
Hier wird nur noch Liebe sein,
so ist es uns beschieden.

Lebe jetzt und hier mit mir,
denk einfach so wie ich.
Und ich prophezeie dir:
es erfüllt sich - auch für dich!

Herbsttage

Goldnes Laub im Sonnenlicht,
ein frischer Wind im grauen Haar.
Den Herbst des Lebens spürst du nicht,
weißt nur, dass es schon oft so war.

Deine Seele altert nicht,
kennt keinen Monat und kein Jahr.
Nur im Jetzt erlebt sie sich,
genießt und ist mit dir ein Paar.

Trocknes Laub streift dein Gesicht,
du nimmst es gar nicht wahr.
So manches Dunkel wird zu Licht,
und dir wird vieles klar.

Ich gehe der *Sonne* entgegen,

und wie so oft auf diesem Weg denke ich darüber nach, wie sehr ihr Licht meine Sinne verändert und mir die Augen für die wahren Dinge des Lebens geöffnet hat.

Sie hat meinem Leben damit einen neuen und ganz besonderen Glanz verliehen.

Tränen des Glücks rinnen über meine Wangen, aber ich spüre sie nicht.

Ich atme tief ein und aus.

Mein von Liebe erfülltes Herz öffnet sich und gibt einen Teil dieses göttlichen Lichts frei.

Gerade soviel, dass ich ein Auto erkenne, das neben mir hält. Dessen Seitenfenster öffnet sich, und ich höre deine Stimme:

`Schatz, was machst du nur, ich hätte dich fast übersehen in der Dunkelheit und dem starken Regen.´

Ich steige zu dir ins Auto und sage:

`Ich bin *dir* entgegen gegangen´, bevor deine warmen Lippen meinen Mund verschließen.

`Deine Brillengläser sind ja patschnass´,

höre ich dich sagen, als ich mich entspannt
zurücklehne, `kannst du überhaupt noch etwas
erkennen´?

`Ja´, sage ich und denke: mehr als ich mit den
Augen jemals wahrnehmen könnte …

Zeit der Erleuchtung

Weiße Weihnacht * Tannengrün
Stille Andacht * Tiefer Sinn
Kinderaugen * Glücksgefühl
Lichterglanz und Glockenspiel
Lebensfreude * Friedenswunsch
Fester Glaube * Gott mit uns

Zu keiner anderen Zeit, als in dieser wahrhaft gesegneten Weihnachtszeit ist uns Gott so gegenwärtig.

Diese Bewusstheit erzeugt eine Herzenswärme, wie wir sie sonst nur für unsere Nächsten empfinden. Sie bringt uns alle einander näher, und das gute Gefühl der Zusammengehörigkeit wird wach. Das Gefühl eins zu sein mit allen Menschen in dieser wunderbaren Welt. Einer Welt, die Hoffnung braucht und Frieden, um zu überleben.

Wir sind voll der guten Wünsche füreinander. Wir loben und geloben in den reinsten Tönen.

Unsere Lieder verleihen selbst dem Nadelbaum zarte Blätter; denn in ihm wollen wir den Baum der Erkenntnis nachempfinden. Es ist eine sehr besinnliche Zeit.

Lasst uns noch ein wenig verweilen.

Wäre es nicht schön, wenn wir unseren Worten und Taten auch fernerhin die Spitzen nehmen, und ihnen damit den Charakter jungen, lebensspendenden Laubs verleihen würden. Unseren Kindern gleich, die Gott noch am nächsten sind.

Sie sind es, die in ihrer Reinheit und Unbekümmertheit Seine Liebe zum Ausdruck bringen, bevor sie in die Welt der Erwachsenen hineinwachsen. Einer Welt, die ihnen Gott so fern erscheinen lässt, weil sie Ihn in ihr nicht mehr erkennen.

Lasst uns doch diese schöne, geweihte Zeit beibehalten. Lasst uns einander lieben und damit Gottes Liebe leben.

Lasst uns einfach Frieden sein ...

Die Frage aller Fragen

Du blickst zurück, du siehst ein Kind
und schaust es fragend an.
Weißt *du* nicht, wer wir wirklich sind,
du bist noch so nah dran …

Deine Seele räuspert sich,
sie hat noch sehr viel vor.
Spürbar inspiriert sie dich;
das braucht kein offnes Ohr.

Lebe und erfahre dich,
die Wahrheit zeigt sich dir im Sein.
Gottes Fenster öffnet sich
und die Erinnrung holt dich ein.

Mit Sinn und Verstand?

Dem Alkohol und Nikotin
gibt sich die halbe Menschheit hin.
Auch vielen andren Drogen
fühlt sie sich gewogen.
Neben diesen schlimmen Plagen
auch noch Kriege auszutragen,
ergäbe wahrlich keinen Sinn.
Doch Menschen, die sich nicht genieren,
uns noch mehr zu dezimieren,
bringt es reichlich viel Gewinn!

Tabak, irre hoch besteuert,
wird schon weniger befeuert,
Schreckensbilder sorgen für den Rest.
Den hochgelobten Tropfen,
ob von Trauben oder Hopfen,
ihn gibt es noch, - auch ohne Fest.
Weil er wohl nicht so sehr schadet,
wenn der Gewinner doch drin badet,
dem *er* den Sieg grad überlässt.
Der Verlierer wird ihn trinken,
und in Selbstmitleid versinken.
Dann verkriecht er sich ins Nest.

Willst du zu den Gewinnern zählen,
solltest du sehr sorgsam wählen.
Zunächst mal zu entsagen,
hilft den Sinn zu hinterfragen;
für den Verständigen genug.
Doch ist das überhaupt gewollt,
solang der Rubel so schön rollt?
Es lachen die Banditen,
kein Brauer liest dir die Leviten,
beginge er doch Selbstbetrug.

Und die Moral von der Geschicht´,
leb´ maßvoll und verlier´ dich nicht ...

Ich möchte einer Sache dienen

und keinem Herrn.

Im Ruhestand?

Glaubt mir, wenn ich nichts mehr tue,
genieß´ ich wohlverdiente Ruhe,
denkt der Mensch und streckt sich wohlig aus.

Das könnte er ja auch genießen,
wenn ihn die Frühlingsboten ließen,
die ersten fliegen eiligst aus.

Nur wenige, die leise summen,
zu viele, die gefährlich brummen,
die meisten viel zu schnell.

Ich rede hier nicht von Insekten,
die im Winter sich versteckten,
jetzt geht es mal um Dezibel.

Da sitzt ein Biker unterm Helm,
genussvoll grinsend dieser Schelm
und knattert nervig dir was vor.

Ehrlich, mir ist nicht zum scherzen,
das sind manchmal solche Schmerzen,
da schreit sogar dein Kind im Ohr ...

Kleine Reibereien

Du beginnst so schön in Moll
und sprichst zuletzt in Dur.
Heißt: ich hab die Nase voll,
jetzt kommt die harte Tour.

Ach, du meinst es doch nur gut,
- das musste ja so kommen.
Ich höre nur die eigne Wut,
du seist mir wohlgesonnen.

Wenn du es *so* siehst, mein Schatz,
dann sind wir zu beneiden.
Wie wäre es mit diesem Satz?
`Das passt wohl zu uns beiden´.

Das Kissen hat sein Ziel verfehlt,
der Rest ist uns geblieben.
Und wir haben nicht verhehlt,
wie sehr wir uns doch lieben ...

Einflussnahme

Schau hin, was dein Kind
mit Medien macht,
zu viel ist bereits von
Kindern erdacht.

Medien lernen frei
und zügig;
sie sind auf Knopfdruck
schon gefügig.

Am besten schützt du sie
vor deinem Kind,
wenn sie nicht
eingeschaltet sind.

Als Anstoß sollte
das genügen;
denn dem ist nichts
hinzu zu fügen.

Wahrheitsliebe

Juwelen und andere Kostbarkeiten lieben wir nicht allein ihrer Schönheit wegen, sondern auch, weil sie so selten sind.

Etwa wie die Werke großer Künstler, die es ja nur in begrenzter Stückzahl gibt, weil ihre Schöpfer oft längst verstorben sind.

Deshalb sind sie auch nur sehr wenigen Menschen vorbehalten. Und die haben, wie die Kunstwerke selbst, einen ganz besonderen Charakter. Und deshalb wollen sie unter sich sein, der breiten Masse unzugänglich.

Ebenso verhält es sich mit den Hütern anderer Kostbarkeiten, wie etwa der Wahrheit.

Auch sie ist nur einigen wenigen Menschen vorbehalten, und die wollen ihrem Charakter nach ebenfalls unter sich und für die breite Masse unzugänglich sein.

Das hat nicht allein mit Wahrheitsliebe zu tun, sondern weil auch sie so selten geworden ist.

Und wie wir wissen, wird der höchste Seltenheitswert der Wahrheit erreicht, wenn sie keiner kennt. Oder kaum einer ...

Solche Wahrheiten werden allerdings von der breiten Masse bezahlt.

Und das natürlich nur, weil sie keiner kennt.

Damit ist der höchste Seltenheitswert erreicht, und die Wahrheit erzielt einen sündhaft teuren Preis. Selbstverständlich bleiben auch diese Menschen ihrem Charakter nach unter sich, ob sie es wollen oder nicht …

Sie haben recht, liebe Leser, über die Wahrheit ist schon so viel gesagt worden, aber gesagt worden ist sie uns selten.

Ganz anders verhält es sich dagegen mit der Lüge.

Sie ist häufig in aller Munde, auch wenn sie nur nach geplappert wird.

Manchmal könnte man den Eindruck gewinnen, Politiker seien Lügner von Beruf;
lass dich nicht täuschen ...

Gedankensprünge

Mir fällt ein sehr schönes Gedicht von *Goethe*
ein, liebe Leser, das möchte ich hier einmal
wiedergeben:

> `Warum bin ich vergänglich, o Zeus?´
>
> *so fragte die Schönheit.*
>
> `Macht´ ich doch´, sagte der Gott,
>
> `nur das Vergängliche schön.´
>
> *Und die Liebe, die Blumen, der Tau*
>
> *und die Jugend vernahmen´s;*
>
> *alle gingen sie weg, weinend,*
>
> *von Jupiters Thron.*

Das begeistert mich immer wieder, aber es lädt
zu Spekulationen ein:

Was mag wohl das hässliche Entlein getan haben,
nachdem es das vernommen hatte?

Ich denke, es wird quietschvergnügt davon
gewatschelt sein.

Dann wird es sich unter der nächsten *Bank*
niedergelassen und alles in sich hinein gefressen

haben, was es kriegen konnte. Ob es ihm nun
bekommen ist oder nicht.

Die Garantie für's Überleben hatte es doch gerade
von höchster Stelle bekommen oder etwa nicht!?

Dein bester Freund

Schmeichelnd wedelt seine Rute,
und sanft legt er die süße Schnute
dir erwartungsvoll aufs Knie.

Seine Augen sprechen Bände,
- *du hast so warme Hände,*
mein Freund -, gebrauche sie.

So wie *er* dein Herz berührt,
das dir jetzt die Hände führt,
erlebst du es nur selten.

Seine Liebe und die Treue
beweist er täglich dir aufs neue;
wie willst du das vergelten.

So viel hat die Natur zu geben
und sei es nur ein Hundeleben,
das sie uns belehrend schenkt.

Wir müssen es nur spüren,
wenn Gedanken sich berühren;
gleich wer sie gerade lenkt.

Der Hund hat jetzt die Couch erreicht,
auf der er nicht mehr von dir weicht;
Frauchen kommt zu spät.

Ihr leckt er zum Trost die Hand,
und gibt ihr so ein Liebespfand,
damit sie ihn versteht.

Eure liebevolle Nähe
ist ihm dann Dank genug ...

Frühlings lieblicher Wind

Er kam mir zart entgegen.
Ein wenig noch verlegen,
wir hatten uns dereinst getrennt.

So viel Tränen war'n geflossen;
sie hatten meinen Schmerz begossen,
doch er blieb konsequent.

Er zeigte seine kalte Seite
und suchte einfach nur das Weite;
mich ließ er im Regen steh'n.

Jetzt war er wieder da.
Er streifte liebevoll mein Haar
und tat als wäre nichts geschehn.

Damit mir nicht verborgen bliebe,
was ihn so am Morgen triebe,
hielt er zärtlich mich umschlungen.

Wir haben es erneut genossen
bis die Lebenssäfte flossen -
und das ganz ungezwungen.

Das Leben

Erst helfen sie dir auf die Beine,
dann hält man dich an kurzer Leine.
Und was sie fortan dir noch geben,
nennt man `Vorbereitung auf das Leben´.
Wo ist das Leben denn?

Man will es dir nicht vorenthalten
und lässt von Arbeit *es* verwalten.
Ein erstes Standbein für das Leben,
ist dir damit zwar gegeben,
doch wo ist das *Leben* hin?

Da ist nur die kurze Leine;
stehen kannst du schon alleine,
mehr ist auch nicht drin …
Also kannst du dich nur plagen,
bis die Beine dir versagen.
Und wo ist da der Sinn?

Was hat dich dann der Spruch gekostet:
`Wer nicht rastet, der nicht rostet´?
Wo dachtest du denn hin?
Auch wer ein wenig korrodiert,
ist mit dem Himmel fusioniert.
Wir sind doch mittendrin …

Lebe jetzt, lass dich nicht jagen,
das soll'n dir diese Verse sagen.
Denn wahre Überlegenheit
zeigt sich in Gelassenheit;
das mach dir bewusst.

Nun geh dein Ziel besonnen an,
umso eher bist du dran.
Und solltest du mal Schwäche zeigen,
die erste Arbeit gar vergeigen,
dann ist das kein Ehrverlust.

Im Schatten kühler Denkungsart

ist wahrlich gut zu sitzen.

Und die Besonnenheit erspart

gewöhnlich auch das Schwitzen.

Verstanden?

`Was willst du denn mal werden´?

`Meinst du im Himmel oder hier auf Erden?
Deine Frage nehm´ ich dir nicht krumm,
doch schau dich doch mal richtig um.

Was kann man hier denn noch erreichen,
ein stilles Plätzchen unter Eichen?
In dieser hoch gelobten Welt
dreht sich doch alles nur ums Geld.

Wonach soll ich denn schon streben,
lass mich doch erst mal leben;
und frage bitte nicht wovon!´

Jung gefreit, hat niemand gereut?

Das hat es sprichwörtlich gegeben
und war von manchen zu erleben,
- als wenn wir das nicht wüssten.

Gestern noch auf Dreiradachsen,
heut´ der Venus schon gewachsen -
mit allen lieblichen Gelüsten.

Und das Gesetz vom Zahn der Zeit,
war hier dem Milchzahn nur geweiht;
das konnt´ der junge Bund ertragen.

Und wär´ der Treueschwur schon Sünde,
wenn er für Selbstverleugnung stünde;
wer wollte das schon sagen?

Drum prüfe, wer sich ewig bindet,
ob er nur Zweifel überwindet;
die kommen oft und gern ans Licht.

Die Liebe, etwas so einmalig Schönes,
den Zweifler, hoffe ich, versöhnt es;
ist so *einmalig* wieder nicht!

Hinterher ist man immer schlauer

Lobst du des Meisters Werk im Werden,
Knospen schon, bevor es Blüten sind?
Das zeugt von sehr viel Gottvertrauen,
es *so* zu sagen noch gelind.

Gibt sich die Reife dann die Ehre,
und das geht schneller als man denkt;
dann greif nicht gleich zur Gartenschere,
weil es die Aussicht dir verhängt.

Not macht erfinderisch, sagt der Volksmund.

Aber was sich manche Menschen

ohne jede Not einfallen lassen,

um andere Menschen zu quälen,

kann Not nicht überbieten.

Komm ins Licht

Glaub mir, manchmal denke ich,
dass du dich nur verstellst.
Klär mich auf, ich bitte dich,
sag nicht, dass du dir so gefällst.

Was treibst du, wen verkörperst du?
Den Teufel selbst, ihn gibt es nicht.
Die Angst ist es, ihr hörst du zu?
Dann denk in Liebe, komm ins Licht …

Jetzt schau zurück, - erlebe -,
ist das noch menschenwürdig?
Wenn es den Teufel gäbe,
du wärst ihm ebenbürtig.

Gott wird es dir vergeben,
du musst dich nur entscheiden.
Ohne Angst die Liebe leben
oder weiterhin zu leiden.

Der Mensch

Auch in dieser Form des Seins
sind wir Menschen alle eins:
ein Ausdruck *Seiner* Liebe.

Alles war bereits vorhanden,
als wir uns hier wiederfanden
- auf das es denn so bliebe.

Jeder konnte sich ernähren;
die Welt schien alles zu gewähren,
wie Gott den freien Willen.

Doch wer weiß, was dann geschah;
die Sucht, sie war auf einmal da,
und die galt es zu stillen.

Der Mensch ging auf Entdeckungsreise,
und nahm sich in brutaler Weise,
was ihm in die Finger kam.

Es gab fortan kein *Unser* mehr;
die Gier beherrschte uns zu sehr-
und was man sich so nahm.

Jetzt beten wir ein *Vaterunser*
und bewahren so den Schein.
Ansonsten denkt ein jeder
nur in *dein* und *mein.*
Und das wird allzu oft verwechselt ...

Wer vom Leben nie genug bekommt,
hat allzu schnell genug vom Leben.

Gottes Liebe und Geduld

Der Mensch kehrt immer wieder
auf diese Welt zurück.
Wir beten, singen Lieder
und danken Gott für dieses Glück.

Doch wie wir sie verlassen,
verwüstet und entehrt,
dafür hätt´ jeder andere
uns den Zugang längst verwehrt.

Am Meer

Das Wandern an der Meeresküste
weckt nicht nur maritime Lüste,
es öffnet dir das Herz.

Du spürst den Wind, das Meeresrauschen,
den Meeresvögeln willst du lauschen
und fühlst den ersten Schmerz.

Die Flut hat Strandgut angetrieben,
Gut ist reichlich übertrieben.
Es ist das alte Lied.

Plastikmüll, Millionen Tonnen
- das hat vor Jahren schon begonnen -
gelangen in das Meer.

Du weißt nicht, was dich noch erwartet,
und ob die Menschheit so entartet,
als wenn es nötig wär´.

Du denkst fortan bei jeder Welle
an diese größte Eiweißquelle
und was mit ihr geschieht.

Erst jetzt hörst du die Möwen schrei´n,
ein jeder Vogel spricht für sich:
`Die Welt, wie schön könnt´ sie doch sein,
und sei es ohne dich ...´

So liebt den Menschen die Natur,
wie der den Dreck im eignen Flur.

Die Menschheit

Du verstehst die Welt nicht mehr?
Das kann ich gut versteh'n.
Wie könnt' ich, wenn es anders wär',
den Menschen in dir sehn.

Der Einzelne ist durchaus gut,
das sei hier unbestritten.
Und unter seinem Übermut
hat er meist selbst gelitten.

Die Menschheit aber ist verroht,
sie nimmt die falsche Richtung.
Was ihr auf diesem Wege droht,
ist reine Selbstvernichtung.

Du findest deinen eignen Weg;
dein Gewissen zeigt ihn dir.
Jetzt geh auf Kurs und überleg':
Bleibst du ihm treu, hilfst du auch *ihr*.

Der Mai 2014

Die Natur ist förmlich explodiert;
jetzt zeigt sie sich in ihrer ganzen Pracht.
Damit ihr nicht den Blick dafür verliert,
und aus eurer Lethargie erwacht.

Kann sich Gottes Liebe schöner zeigen;
schaut euch in aller Ruhe einmal um.
Ein jeder tanze seinen Reigen, doch um ein
`Danke, Gott´, kommt keiner `rum.

Kein Wort, nur fassungsloses Staunen?
Schon gut, die bloße Achtung ist genug.
Zu oft schon hörte man Posaunen,
wenn man das Liebste denn zu Grabe trug.

Ein Ehrenmann

Ein jeder macht auf seine Weise
das Leben zur Entdeckungsreise.

Wer zur See fährt, - gab Horaz uns
zu versteh´n -
wechselt das Klima und nicht
den Charakter.
Sie haben es bestätigt, Herr Kapitän.

Und das ist einfach schön zu wissen,
wenn sie erneut die Segel hissen.

Unser wunderbarer Planet

Menschheit werde endlich wach,
noch ist es nicht zu spät.
Du gehst den eignen Spuren nach,
- solange es noch geht.

Du stöhnst schon und kommst nicht voran?
Schimpf nicht auf die Vorderleute,
wer weiß was ihnen bläute;
denk an deinen Hintermann.

Dir wird der Weg beschwerlich,
denn ein jeder lädt was ab?
Die Spitze wär´ begehrlich,
das hält dich sicher noch auf Trab.

Du wirfst den letzten Ballast weg,
lass den Hintermann doch wettern.
Das interessiert dich einen Dreck,
notfalls muss er eben klettern.

Endlich bist du selber vorn
und glaubst du seist der letzte.
Denn du bist am großen Born
der rücksichtslosen Feste.

Jetzt stehst du da mit offnem Mund,
und hast nichts mehr zu essen.
Die Erde ist nun einmal rund,
das hast du bloß vergessen ...

Bleib dir treu

Lass dich nicht verbiegen;
geh einfach deinen Weg.
Und lässt man dich links liegen,
dann nimm es hin und überleg´:

Wer ist mir nicht gewogen,
und warum zeigt er´s mir...?
Dann macht er halt `nen Bogen,
besser *um* dich als aus *dir.*

Es tut weh, wenn man belächelt wird,
aber würde es uns besser gehen,
wenn man wegen uns weinte?

Wer gut schmiert, der gut fährt

Willst du etwas günstig schießen,
brauchst du keine Munition.
Dort wo *stille* Gelder fließen,
blüht die Korruption.

Irgendeiner darf entscheiden,
und der will Extralohn.
Dritte müssen drunter leiden,
doch wen interessiert das schon.

Das ist schon gang und gäbe
und spricht sich langsam rum.
Auch dass es den Markt belebe,
das Volk ist ja nicht dumm!?

Es hat nur zu schnell vergessen,
ganz sicher bis zur nächsten Wahl.
Dann ist es nur darauf versessen:
vielleicht klappt es ja dieses Mal ...

Dem Politiker geht es um des Menschen
Wohlergehen, und das mit durchaus gutem Erfolg;
wohler kann´s *ihm* gar nicht gehen!

Die Kraft der Gedanken

Ich denke gern in Frieden;
bitte tun sie es mir gleich.
Es ist doch längst entschieden,
die Erde *ist* ein Himmelreich.

Wir müssen es nur denken, -
Gott hat es uns doch vorgemacht -
und mit Gedanken lenken,
wie Er die Welt für uns erdacht.

Zeichnen wir ein Bild des Friedens,
der Gedanke macht es wahr.
Und loben so die Schöpfung,
die ihn einst für uns gebar.

Zusammenhalt

Das Miteinander, das Füreinander,
schöne Worte gibt der Duden her.
Und wir leben miteinander,
als wenn *das* doch selbstverständlich wär´.

Wir stehen ja auch zueinander,
wenn es der Sache dienlich ist.
Und gehen eilig auseinander,
wenn das Ding gelaufen ist.

So lernen wir dann voneinander,
wie schnell man doch die Not vergisst.
Und es existiert kein andrer,
der Mensch ist wieder Egoist.

Das Märchen von der Maus

Arm wie eine Kirchenmaus,
gilt nicht für jedes Gotteshaus.
Mäuse, die nach Limburg gingen,
könnten Lieder davon singen.

Millionen waren dort versammelt
und haben einfach rumgegammelt.
Zunächst das klare Resümee,
dann kam die rettende Idee:

`Hier liegen wir nur faul `rum;
kommt, wir zieh´n gemeinsam um´.
Fortan zeigten sie Präsenz
in der Bischofsresidenz.

Dort lebten sie in Saus und Braus;
sie sahen wahrhaft prächtig aus.
Und die Moral von der Geschicht´:
unterschätz´ die Mäuse nicht.

Entwicklung

Wo wär´ die Menschheit ohne Technik,
im Mittelalter und versklavt?
Jetzt sind wir im Atomzeitalter
und von der Technik abgestraft.

Rein technisch ging es auf die Schnelle;
geistig treten wir noch auf der Stelle.
Große Lehrer hat die Menschheit
schon gehabt;
nur mit der Versetzung hat es
nicht geklappt.

Sehen und verstehen

Steige einen Berg hinauf,
um weit genug zu sehn.
Halte deine Augen auf,
um alles zu erspäh´n.

Steige jetzt gedanklich auf,
um alles zu versteh´n.
Erst dann geh´n dir die Augen auf,
und du kannst alles sehn.

Wir leben hier in einer Welt,
die nichts verspricht, was sie nicht hält.
Ich wünsche mir oft sehnlich,
wir wären ihr nur etwas ähnlich.

Der Mensch lebt nach der Uhr

Im Frühjahr wird sie vorgestellt,
damit sie uns den Tag erhält,
nur eins wird nicht erwähnt.

Die Nacht will ihre Stunde wieder,
müde senken sich die Lider,
es wird nur noch gegähnt.

Überlasst es doch der Sonne.
Sie sorgt nicht nur am Tag für Wonne;
sie schafft es auch bei Nacht.

Solange *sie* das Herz erfüllt,
bleibt Liebeslust nicht ungestillt.
Das wäre doch gelacht.

Drum macht den Tag nicht länger
und betrügt euch um die Nacht.
Weil wahre Sonnenkinder,
nur die Liebe aus euch macht.

Satirische Wortspielerei

Der Maler malt, der Maurer mauert,
das hat im Sprachschatz überdauert
und ernährt den braven Mann.

Ein Richter, wenn er *richtet,*
ist dem Gesetz verpflichtet,
und danach richtet er *sich* dann.

Doch schon ist er befangen
und wird lieber übergangen.
Es muss ein andrer für ihn ran.

Wär´ der imstande Recht zu sprechen,
ohne *dies* Gesetz zu brechen.
Wie sähe *das* denn aus?

Zu urteil´n wäre wohl gescheiter,
sonst käme man ja gar nicht weiter.
Die woll´n auch mal nach Haus´.

Kaum ein Gesetz, das uns nicht knebelt,
Politik, die den Verstand vernebelt,
wo führt uns das noch hin?

Und der Poet sucht mit Gedichten,
ihn wieder zu belichten;
was macht das für einen Sinn?

Der Apfel fällt nicht weit vom Pferd

Sie haben´s gerne originell
und möchten lieber lachen.
Denn hör mol to, wat ick vertell,
da lässt sich doch was machen:

Der Gärtner und der Reitersmann,
die lieben ihre Sitten;
sie häufen gerne Äpfel an
und haben Margeriten.

Und eines darfst du nicht vergessen,
hör mir lieber weiter zu.
Nicht alle Äpfel kann man essen
und verzeih das plumpe Du ...

Jetzt wird aber abgesattelt,
was bin ich für ein Tor.
Wir haben nur die Zeit verdattelt,
hatten Sie nichts Bessres vor?

Das kleine Paradies

Als Luftkurort ist es bekannt,
Dithmarsia lässt grüßen.
Dieses Burg hier auf dem Land,
weiß dir die Freizeit zu versüßen.

So vieles kann dich hier erfreu'n;
gib dich ihm einfach hin.
Und das für `schön´ vertraute Moin,
hat auch am Abend seinen Sinn.

Freundlich wie die Menschen sind,
ist dir so mancher schnell vertraut,
fühlst dich geborgen wie ein Kind
und bist schon längst ergraut.

Frühlingsgefühle

Guten Morgen, liebe Sonne,
du bist leider nur Ersatz.
Diese Wärme, diese Wonne
gibt mir nur mein lieber Schatz.

Ach, du bist noch gar nicht da?
Schau, bei so viel Herzenswärme
nimmt man das gar nicht wahr.

Guten Morgen, lieber Schatz,
ich kann mich kaum noch zügeln.
Ich hielt es erst für einen Spatz,
wenn auch mit tausend Flügeln.

Dies Gefühl in meinem Bauch,
du müsstest es erleben.
Ich hoffe nur, du spürst es auch,
dann gäb's nichts mehr zu reden ...

Naturverbunden

Die Urkraft der Natur
zeigt sich mir in Wald und Flur.
Hier strebt alles nur nach Licht,
andre Wünsche spürst du nicht.

Ich schau in dieses Tal hinab,
der Alltagsstress fällt von mir ab;
jetzt erst bin ich richtig oben.

Und tief in meiner Brust
regt sich die ungehemmte Lust,
einfach nur zu leben.

Vogelstimmen froh und heiter
tragen es als Botschaft weiter.
So weiß vom Reh bis hin zur Maus:
von dem geht keine Feindschaft aus.

Betreten verboten
Eltern haften für ihre Kinder

So ist es überall dort zu lesen, wo sich Menschen vor den Folgen unbedachter Handlungen schützen wollen.

Auch vor den Folgen kindlicher Spielerei.

Im Schadenfall sollen die Eltern für ihre Kinder haften.Und das ist durchaus in Ordnung, wenn diese ihre Aufsichtspflicht verletzt haben. Denn zuweilen ist erheblicher Schaden zu beklagen.

Aber ist der mit den Schäden zu vergleichen, die Eltern angerichtet hatten, für die dann deren Kinder haften mussten?

Sie mussten dafür geradestehen, obwohl ihre Eltern unter strengster Aufsicht gestanden hatten. Insbesondere ihre Väter hatten nur auf Befehl gehandelt.

Davon kann man gerade als Deutscher ein Lied singen. Und man war auch dann zur Wiedergutmachung verpflichtet, wenn die Eltern bereits mit ihrem Leben für ihre Handlungen bezahlt hatten. Obwohl sie doch nur Verführte gewesen waren.

Ja, die Verführer …

Hätte man jemals Eltern gefragt, ob sie etwas begehren würden, was sie mit dem Leben ihrer Kinder bezahlen müssten, es hätte niemals Kriege gegeben.

Hätte man jemals Kinder gefragt, ob sie etwas zu besitzen wünschten, wofür ihre Eltern sterben müssten, es hätte niemals Kriege gegeben.

Aber wenn weder diese noch jene solche Wünsche hegen, warum ziehen immer wieder Menschen in den Krieg. Weil die Verführer es so wollen?

Haben denn Verführer nicht auch eine Familie. Haben sie keine Kinder?

Haben sie noch nie in die unschuldigen Augen eines Kindes geschaut?

Unschuld kennt keine Größenordnung, wohl aber die Schuld!

Können Verführer das nicht erkennen oder sind auch sie wiederum Verführte?

Verführt von ihrer grenzenlosen Gier, der Gier nach Macht. Ich weiß es nicht.

Ich weiß nur, dass weltweit 50 Millionen Menschen vor ihnen auf der Flucht sind ...

Ich reiche dir die Hand

Was kann es jetzt im Leben
denn schöneres noch geben,
wir wollen Fußballer sein.

Diesmal war´s der *vierte* Stern,
das Weltgeschehen liegt so fern;
wir schmücken uns mit *seinem* Schein.

Ich wünsche dieser schönen Welt,
dass sie sich Sport und Spiel erhält
und so zur Meisterschaft gelangt.

Das Wechselbad von Krieg und Frieden
ist uns schon zu lang beschieden;
die Gewalt hat abgedankt.

Sport und Spiel sind hart genug,
sie haben auch zum Kampf Bezug,
doch lassen sie uns leben.

Reichen wir uns doch die Hände
und schnüren so die Bände,
die uns den Frieden geben.

Wenn keiner mehr die Hand erhebt,
und jeder nur die Liebe lebt,
dann wird uns das gelingen.

Na denn ...

Wir Menschen reden eben gern,
das kann man ja versteh´n.
Inwieweit und inwiefern,
das muss man halt mal sehn.

Insoweit und insofern
wird man eh nichts mehr versteh´n.
Und könnten wir nichts hören,
müssten Taten doch betören.

Also, warum rede ich,
so erreiche ich kein Ziel:
Wer viel redet, der gibt wenig,
wer denn handelt, der gibt viel.

Was für eine himmlische Ruhe ...

FSC
www.fsc.org

MIX

Papier | Fördert
gute Waldnutzung

FSC® C083411

Zeitfracht Medien GmbH
Ferdinand-Jühlke-Straße 7
99095 Erfurt, Deutschland
produktsicherheit@kolibri360.de